VIVER!

Dados Internacionais de Catalogação na Publicação (CIP)
(Câmara Brasileira do Livro, SP (Brasil)

Lenoir, Frédéric
  Viver! : um manual de resiliência para um mundo imprevisível / Frédéric Lenoir ; tradução de Gentil Avelino Titton e João Batista Kreuch. – Petrópolis, RJ : Vozes, 2020.

  Título original: Vivre! : dans un monde imprévisible
  Bibliografia.
  ISBN 978-65-5713-070-4

  1. Conduta de vida 2. Coronavírus (COVID-19) – Epidemiologia 3. Resiliência 4. Superação I. Título.

20-39333   CDD-158.1

Índices para catálogo sistemático:
1. Resiliência : Psicologia aplicada   158.1

Cibele Maria Dias – Bibliotecária – CRB-8/9427

FRÉDÉRIC LENOIR

VIVER!

UM MANUAL DE RESILIÊNCIA PARA UM MUNDO IMPREVISÍVEL

Tradução de:
Gentil Avelino Titton
João Batista Kreuch

© Librairie Arthème Fayard, 2020

Título do original em francês: *Vivre! Dans un monde imprévisible*

Direitos de publicação em língua portuguesa – Brasil:
2020, Editora Vozes Ltda.
Rua Frei Luís, 100
25689-900 Petrópolis, RJ
www.vozes.com.br
Brasil

Todos os direitos reservados. Nenhuma parte desta obra poderá ser reproduzida ou transmitida por qualquer forma e/ou quaisquer meios (eletrônico ou mecânico, incluindo fotocópia e gravação) ou arquivada em qualquer sistema ou banco de dados sem permissão escrita da editora.

CONSELHO EDITORIAL

Diretor
Gilberto Gonçalves Garcia

Editores
Aline dos Santos Carneiro
Edrian Josué Pasini
Marilac Loraine Oleniki
Welder Lancieri Marchini

Conselheiros
Francisco Morás
Ludovico Garmus
Teobaldo Heidemann
Volney J. Berkenbrock

Secretário executivo
João Batista Kreuch

Diagramação: Sheilandre Desenv. Gráfico
Revisão gráfica: Alessandra Karl
Capa: Rafael Nicolaevsky

ISBN 978-65-5713-070-4 (Brasil)
ISBN 978-2-213-71760-9 (França)

Editado conforme o novo acordo ortográfico.

Este livro foi composto e impresso pela Editora Vozes Ltda.

As crises, os transtornos, a doença não surgem por acaso. Eles nos servem como guias para retificar uma trajetória, explorar novas orientações, experimentar um outro caminho de vida.

Carl Gustav JUNG

Sumário

Prefácio, 9

1. Sentir-se em segurança, 15
2. Adquirir resiliência, 25
3. Adaptar-se, 37
4. Cultivar o prazer e as emoções positivas, 47
5. Desacelerar e saborear o instante, 57
6. Estreitar os vínculos, 67
7. Dar sentido, 79
8. Tornar-se livres, 89
9. Domesticar a morte, 99
10. Agir e consentir, 111

Do mesmo autor, 123

Prefácio

Quem poderia ter imaginado no início do ano de 2020 que, dois meses mais tarde, a metade da população mundial estaria confinada, que não haveria mais aviões no ar, que Veneza estaria sem turistas e que experimentaríamos uma recessão econômica mundial histórica? A pandemia do Covid-19 que, no entanto, não é a mais grave que a humanidade conheceu, revela a extrema vulnerabilidade do mundo globalizado. Quando a peste negra dizimou mais de dois terços dos europeus (ou seja, cerca de 25 milhões de pessoas) em meados do século XIV, os chineses e os indianos não foram afetados e sem dúvida nem mesmo foram informados. Para o bem e para o mal, hoje nós estamos todos conectados e um simples vírus, surgido em qualquer recanto do globo, pode derrubar a economia mundial e impactar a vida de cerca de 8 bilhões de indivíduos. Pois são realmente todas as dimensões de nossa existência que são transtornadas por esta pandemia: nossa vida familiar e profissional, como também nossa relação com o mundo, com o espaço e com o tempo. Somos atingidos ou estamos angustiados – em relação a nós mesmos e aos nossos parentes – pela doença e pela morte. Mas também pela insegurança material, pela perda de nossa liberdade de circular, pela impossibilidade de nos projetarmos para o futuro.

Diante destes transtornos, podemos concentrar nossa energia e esperar que tudo volte o mais rapidamente possível a ser como era antes. Isto me parece ilusório. Não só porque não podemos sair deste caos em poucos meses, mas sobretudo porque as causas profundas que levaram a esta situação vão perdurar após o fim da pandemia do Covid-19. Como já expliquei longamente em 2012, em minha obra *La Guérison du monde* (*A cura do mundo*), a crise contemporânea é sistêmica: todas as crises que vivemos em nosso mundo globalizado – econômica, sanitária, ecológica, migratória, social etc. – estão entrelaçadas por uma mesma lógica consumista e de maximização dos lucros, no contexto de uma mundialização desregulada. A pressão exercida sobre o planeta e sobre as sociedades humanas é insustentável a longo prazo. Se procurarmos recomeçar "como era antes", iremos de crise econômica em crise econômica, de crise ecológica em crise ecológica, de crise social em crise social e de crise sanitária em crise sanitária. A verdadeira solução consiste em mudar de lógica, em sair do frenesi consumista, em modificar setores inteiros das atividades econômicas, em regular as finanças, em passar do "sempre mais" ao ser-melhor, da competição à colaboração.

Estas grandes questões, capitais para o futuro da humanidade e do planeta, são tema de um outro livro no qual estou trabalhando há mais de um ano junto com Nicolas Hulot (que será publicado provavelmente no segundo semestre de 2020). Por enquanto, a questão que desejo abordar nesta pequena obra é bem diferente: como viver da melhor maneira possível em tempos de crise? Esperando a hipotética mudança de paradigma à qual aspiramos em número cada vez maior, que solução interior podemos encontrar para enfrentar a crise sanitária, os transtornos de nosso modo de vida e as angústias que dele decorrem? Como tentar permanecer sereno, ou até mesmo feliz, num mundo cada vez mais caótico e imprevisível? Ou, dito de outra maneira: esperando que o mundo mude, como mudar-nos a nós mesmos ou transformar nosso olhar para nos adaptarmos o mais positivamente possível a um real que nos desestabiliza?

Concebi, portanto, este livro como um manual de sobrevivência e crescimento interior, ou seja, um manual de resiliência, fornecendo aos leitores conselhos para viverem melhor neste período doloroso e em muitos aspectos desestabilizante. Inspirei-me muito em filósofos do passado – como os estoicos, Montaigne ou Spinoza – que viveram e pensaram durante períodos de crise profunda e que nos legaram reflexões essenciais para atravessar da melhor forma possível a adversidade. Mas inspiro-me também em considerações mais contemporâneas, oriundas especialmente das neurociências e da psicologia, que nos fornecem chaves preciosas para enfrentar as perturbações de nossas necessidades biológicas, psíquicas e afetivas fundamentais.

Oxalá possa este pequeno livro, escrito na urgência do tempo presente, trazer duradouramente luz e conforto a todos os que o lerem.

1
Sentir-se em segurança

...

No momento em que eu começava a escrever este livro, mantive um intercâmbio telefônico com uma amiga canadense muito querida, mestra em ioga e em qi gong: Nicole Bordeleau. Ela me perguntou qual era, na minha opinião, a necessidade mais fundamental: a do vínculo ou a da segurança? Eu lhe respondi sem hesitar: a da segurança. O vínculo é essencial, e mesmo vital, porque ele nos traz justamente aquilo de que mais precisamos: a segurança, tanto interior (psíquica) quanto material e social.

Para melhor compreender a questão, evoquemos duas grandes teorias: a do *conatus*, do filósofo holandês Baruch Spinoza, e a da pirâmide das necessidades, do psicólogo Abraham Maslow. No século XVII, em sua obra principal, *Ética*, Spinoza afirma que "cada coisa se esforça, tanto quanto pode, por perseverar em seu ser". Este esforço (*conatus* em latim) é uma lei universal da vida, como confirma o célebre neurólogo português Antônio Damásio, fervoroso discípulo de Spinoza: "O organismo vivo é construído de tal forma que ele preserva a coerência de suas estruturas e de suas funções contra os numerosos acasos da vida"[1]. Spinoza constata em seguida que, de maneira igualmente natural, cada organismo vivo procura progredir, crescer, chegar a uma maior perfeição. Ele observa enfim que, cada vez que ele chega lá, sua potência vital aumenta e ele é inundado por um sentimento de alegria; ao passo que, cada vez que encontra um obstáculo, que ele se sente ameaçado em seu ser ou sua potência vital diminui, ele é invadido por um sentimento de tristeza. Toda a ética spinozista consiste, por conseguinte, em organizar nossa vida graças à razão, para preservar a integridade de nosso ser e aumentar nosso poder de agir e a alegria que o acompanha. Spinoza apresenta

---

1 DAMÁSIO, António. *Spinoza avait raison* – Joie et tristesse, le cerveau des émotions. Paris: Odile Jacob, 2013, p. 40.

dois mecanismos da vida: preservar-se e aumentar sua potência vital e de ação. Em outras palavras, ele nos explica que a segurança e o crescimento são nossas duas necessidades mais fundamentais.

Entre 1943 e 1970, o psicólogo americano Abraham Maslow elaborou e refinou uma teoria da motivação que se encarna numa hierarquização universal das necessidades humanas e que não deixa de ter um vínculo com a teoria spinozista. Na base da pirâmide encontram-se primeiramente nossas necessidades fisiológicas elementares: respirar, beber, alimentar-se, dormir, evacuar... Surgem em seguida as necessidades de segurança: ter boa saúde, viver num ambiente estável e previsível. Depois vêm as necessidades de pertença e de amor. Por fim, aparecem as necessidades de estima e de reconhecimento e, no topo da pirâmide, a necessidade de realização de si. A ideia desenvolvida por Maslow, muito bem ilustrada pela forma piramidal, é que uma nova motivação surge quando uma necessidade mais fundamental é satisfeita: não procurarei realizar-me senão quando todas as minhas outras necessidades forem levadas em conta.

Assim como a tipologia das necessidades elaborada por Maslow me parece pertinente, da mesma forma sua hierarquização se torna vulnerável à crítica. Muitos autores constataram que certas necessidades, como a pertença ou o reconhecimento, eram tão fundamentais para viver como as necessidades fisiológicas ou de segurança. Sabe-se, por exemplo, que um bebê que não recebe amor será incapaz de se desenvolver psiquicamente de maneira harmoniosa, ou até de sobreviver. Pode-se constatar também que certas pessoas fazem tudo para satisfazer uma necessidade de reconhecimento, enquanto suas necessidades primárias não estão plenamente satisfeitas: um adolescente de uma família pobre preferirá às vezes ter o mesmo smartfone ou os mesmos tênis caríssimos como seus colegas em vez de se alimentar bem ou viver sob um teto decente. Da mesma forma, a necessidade de se realizar, que inclui a dimensão espiritual e a fé, pode expressar-se naqueles que não tiveram plenamente satisfeitas as outras necessidades. Encontrei nos quatro cantos do mundo pessoas muito pobres impregnadas de uma fé intensa que as ajudava justamente a suportar sua condição miserável.

Não se deve, portanto, transformar num absoluto a hierarquização de Maslow. No entanto, podemos constatar que, em período de crise profunda, à semelhança da que estamos experimentando atualmente, esta hierarquização parece recuperar certa pertinência. A sobrevivência tornou-se novamente, de maneira brutal, a principal motivação dos humanos. Vimo-lo desde os primeiros sinais da propagação do vírus: os mercados de alimentos foram esvaziados. No supermercado próximo ao lugar onde eu moro, cruzei com pessoas que tinham um carrinho abarrotado com massas, água mineral, farinha e papel higiênico, e que desdenhavam os sarcasmos ou as críticas de outros clientes. O primeiro reflexo num contexto de sobrevivência é assegurar que nossas necessidades fisiológicas possam ser satisfeitas e pouco importa que pareçamos egoístas ou ridículos. Em caso de crise mais grave, as necessidades primárias passam ao primeiro plano e as necessidades de segurança virão logo após: com a geladeira cheia, nos confinamos em casa para escapar da contaminação. Só após estarmos em segurança é que poderemos dar vazão à nossa necessidade de pertença, apelando para os nossos vizinhos e os nossos amigos, estreitando –

numa distância protetora – nossos vínculos afetivos e sociais. As necessidades de reconhecimento e de realização virão em seguida, quando todas as outras estiverem satisfeitas.

No mundo ocidental relativamente estável e opulento no qual vivemos desde o fim da Segunda Guerra Mundial, a maioria de nós havia escapado do medo de não poder mais satisfazer nossas necessidades vitais e de segurança mais fundamentais. Aliás, poderíamos agrupar as três primeiras necessidades e motivações (fisiológica, segurança, pertença) numa mesma categoria: a da segurança. Enquanto as duas seguintes (reconhecimento, realização) dependeriam de outra ordem: a de nosso crescimento (na sociedade, mas também espiritual). As três primeiras são indispensáveis para a sobrevivência. As duas seguintes permitem o desdobramento da vida, tanto no plano social quanto no plano pessoal. Encontramos, portanto, as duas grandes necessidades demonstradas por Spinoza: preservar-se (segurança) e crescer. E podemos afirmar globalmente que, quando nossas necessidades de segurança são satisfeitas, podemos concertar-nos mais em nossas necessidades de crescimento, que nos trazem as alegrias mais profundas:

alegria do amor que desabrocha, alegria de nossas realizações profissionais que nos permitem realizar-nos e sermos reconhecidos, alegrias criativas, intelectuais e espirituais de nosso espírito que progride etc. Mas, quando sentimos um profundo sentimento de insegurança, a necessidade de proteção prevalece sobre a necessidade de crescimento; e a busca da serenidade, da tranquilidade emocional, prevalece sobre a necessidade da alegria.

Existe, no entanto, uma interação importante entre a base e o topo da pirâmide, entre nossa necessidade de segurança (por meio de suas diversas dimensões) e nossa dimensão espiritual: a força de nosso espírito pode nos ajudar a reforçar nosso sentimento de segurança ou, mais precisamente, a viver melhor em tempo de insegurança. Já evoquei isto a propósito da fé religiosa, que ajuda muitas pessoas necessitadas e miseráveis a viverem melhor, e até a serem alegres. O mesmo se pode dizer hoje no Ocidente a respeito de pessoas que têm uma fé profunda, mas também de pessoas não crentes que desenvolveram seu potencial humano ou uma forma de espiritualidade laica. Os que cultivam seu espírito lendo livros de filosofia ou de poesia, os que praticam regularmente o ioga ou a meditação, os que têm uma atividade criadora, os que desenvolvem o amor e a compaixão engajando-se na sociedade, os que procuram dar um sentido à sua existência estão sem dúvida melhor preparados para atravessar os períodos difíceis da vida. Com efeito, eles exibem qualidades espirituais que vêm sustentar o corpo e estabilizar as emoções (especialmente o medo), melhorar a qualidade dos vínculos afetivos e sociais, reforçar a confiança e o amor à vida. São outras tantas qualidades preciosas que favorecem, após um choque ou desestabilização profunda como a que acabamos de experimentar, a possibilidade de um recomeço, de um trabalho sobre si mesmo, de uma entrada em resiliência.

2
Adquirir resiliência

...

O conceito de resiliência foi desenvolvido e popularizado na década de 1990 pelo neuropsiquiatra francês Boris Cyrulnik. A palavra inglesa *resilience* vem do latim *resilio*, que significa "saltar para trás", donde vem a ideia de ricochetear, de resistir a um choque. Em 1627, em sua obra *Sylva Sylvarum*, o filósofo inglês Francis Bacon já a utilizava neste sentido, falando das leis da natureza; e a palavra será empregada, a partir do século XIX, sobretudo na física para designar a capacidade de um material de absorver energia quando ele se deforma sob o efeito de um choque. Em 1952, em sua obra *Lélia ou la vie de George Sand* (*Lélia ou a vida de George Sand*), o escritor francês André Maurois a aplica ao ser humano, ao descrever as diversas estratégias que podemos utilizar para atravessar as provações da vida e ricochetear, ou seja, recomeçar: cultivar a alegria, o humor, o otimismo etc. Embora Freud a tivesse evocado de passagem, a psicóloga americana Emmy Werner é sem dúvida a primeira a desenvolver este conceito na psicologia. A resiliência designa, por conseguinte, o processo psíquico que permite a um indivíduo afetado por um traumatismo profundo reconstruir-se, encontrar nele mesmo, sem negar nada deste choque, os recursos necessários para avançar na vida. Boris Cyrulnik é um belo exemplo de uma pessoa resiliente: seus pais o colocaram num internato com a idade de 5 anos para que pudesse escapar à deportação, antes de morrerem os dois em Auschwitz. Confiado à assistência pública e em numerosos orfanatos, acabou sendo adotado por uma tia materna no fim da guerra. Esta infância traumatizante o estimulará a tornar-se psiquiatra e a apoiar-se em seus recursos interiores para superar esta terrível provação.

Diante da crise atual, a resiliência deve ser coletiva e individual. Coletiva, porque ela afeta a humanidade inteira que experimentou um choque brutal;

individual para todos aqueles que são fortemente impactados por ela e que sofrem, realmente, um traumatismo psíquico. Mais uma vez, tratarei da questão da resiliência coletiva num próximo livro; o que me importa aqui é ver como cada pessoa que foi traumatizada ou desestabilizada por esta crise sanitária, ou por qualquer outra provação, pode iniciar um caminho de reconstrução interior.

O processo de resiliência é tema de numerosas pesquisas e teorias, mas podemos evocar esquematicamente três etapas principais após o traumatismo: a resistência, a adaptação e o crescimento. Quando somos desestabilizados e nos encontramos em situação de sofrimento, começamos resistindo, protegendo-nos para evitar o que nos afeta. Esta primeira etapa pode ser salutar, porque muitas vezes é necessário lutar contra a angústia e os efeitos destrutivos do traumatismo. Mas ela pode levar a mecanismos extremos de defesa (negação, clivagem, refúgio numa redoma psíquica protetora...) que não ajudarão a pessoa a ficar curada. Para avançar, será necessário olhar a realidade de frente e tentar adaptar-nos melhor à situação. Esta etapa é crucial no processo de resiliência, porque ela significa que não estamos na negação, na recusa do real, numa atitude passiva. Nós agimos constatando o caráter inelutável da provação que estamos atravessando, nossa dor física ou psíquica, e procuramos o melhor meio de adaptar-nos a esta situação difícil. O crescimento nos leva ainda mais longe: não se trata apenas de sofrer menos, mas de apoiar-se nesse traumatismo para crescer, evoluir, ir mais longe. A famosa fórmula de Nietzsche em *O crepúsculo dos ídolos* o expressa muito bem: "O que não me mata me torna mais forte".

Uma personalidade que foi até o fim do processo de resiliência não se contentou em reconhecer seu traumatismo e esperar que as coisas passassem. Ela soube procurar em si mesma os recursos necessários para se desenvolver e fazer deste choque um trampolim para crescer. De repente, *a posteriori*, o traumatismo sofrido poderá aparecer-lhe como uma oportunidade que lhe permitiu sem dúvida desenvolver-se mais do que ela teria feito sem esse choque. É o que está muito bem expresso no título do livro de Boris Cyrulnik: *Un merveilleux malheur* (*Uma desgraça maravilhosa*). Seu autor é um resiliente exemplar: ele não se contentou em adaptar-se a uma situação dolorosa para tentar sobreviver, mas soube tirar proveito dos traumatismos de sua infância para tentar realizar sua vida da melhor maneira possível. Ele não só soube transformar seu sofrimento psíquico e afetivo tornando-se um psiquiatra reconhecido e fundando uma família, mas desenvolveu também, neste processo de cura interior, qualidades humanas profundas: empatia, benevolência, compaixão (para com os humanos, como também para com os animais). Aliás, observei muitas vezes que os melhores seres humanos que tive a oportunidade de me encontrar (o Dalai Lama, o abbé Pierre e muitos outros anônimos) sempre haviam superado grandes provações em sua vida. Se estas não nos esmagarem, podem constituir um trampolim para crescer em humanidade.

É o que eu também experimentei em minha existência. Sem ter experimentado graves traumatismos, como o abandono físico ou grandes maus-tratos, fui uma criança e um adolescente bastante infeliz por causa de problemáticas neuróticas familiares incômodas. Isto me estimulou a interessar-me pela psicologia, pela filosofia e pela espiritualidade e a iniciar longos anos de terapia. Graças a estes diversos apoios, fui ficando progressivamente curado deste sofrimento interior e, após numerosos fracassos, pude desabrochar profissional e afetivamente. Por volta dos 40 anos de idade, cheguei à convicção de que finalmente eu tinha tido a oportunidade de nascer numa família desequilibrada – o que me permitiu fazer este longo percurso de cura e de crescimento interior – e ao mesmo tempo, apesar de tudo, suficientemente amorosa para encontrar os recursos para eu adquirir resiliência.

Infelizmente, nem todas as pessoas podem ser resilientes. O psicanalista inglês John Bowlby mostrou que o grau de resiliência diante dos acontecimentos traumatizantes da vida é determinado pelos esquemas de apego da primeira infância. Na mesma linha de ideias, Cyrulnik afirma que uma única condição é necessária para poder iniciar este processo de resiliência: ter sido amado quando criança, nem que tenha sido por uma só pessoa, ou, em determinado momento, de maneira incondicional. Este amor verdadeiro e profundo nos trará esta segurança existencial fundamental de que teremos necessidade para avançar na vida. Se não o tivemos por parte de nossos pais (como é o caso dos órfãos ou dos filhos de pais muito deficientes ou perversos), talvez o tenhamos encontrado junto a um avô ou a uma avó, junto a um pai ou mãe adotivo/a, junto a um irmão ou irmã, junto a um tio ou tia, junto a um amigo da família, junto a uma pessoa, seja ela quem for, que nos amou verdadeiramente, sem nada esperar e sem nenhuma condição, e revelou que nós éramos preciosos a seus olhos. Aos 20 anos, quando eu trabalhava voluntariamente em Calcutá num hospício de velhos à espera da morte, num leprosário e num orfanato, alguém trouxe à Madre Teresa um bebê encontrado numa lixeira. As irmãs que o haviam recuperado alguns dias antes o haviam alimentado, cuidado dele, mas parecia que nada adiantava: ele parecia preferir morrer e quase nunca abria os olhos. Madre Teresa o tomou nos braços e, por um longo tempo, o acariciou, o mimou, lhe disse que ele era bonito e amável, brincou com ele paparicando-o... depois de algum tempo, a criança abriu os olhos e esboçou um magnífico sorriso. Todas as testemunhas da cena choraram. Esta criança sentiu, sem dúvida pela primeira vez, um amor incondicional que lhe deu vontade de continuar a viver. Os cuidados alimentares e médicos não haviam sido suficientes para salvá-la: ela tinha também necessidade de sentir-se única aos olhos de um outro; sentir-se amada e desejada para encontrar em si a força de lutar.

Portanto, as duas condições para poder adquirir resiliência são: ter vivido uma experiência de amor estruturante e, depois, evidentemente, querer adquirir resiliência. Eu conheci também indivíduos que haviam experimentado um traumatismo profundo: eles haviam sido provavelmente amados suficientemente, mas não queriam sair dele. Preferiam lamentar-se ou permanecer passivos em vez de lutar para avançar. Será que talvez não tinham ainda encontrado a motivação, o desejo e não tinham encontrado a pessoa certa que lhes teria permitido adquirir resiliência?

Se fomos traumatizados, angustiados, desestabilizados por uma provação ou pela crise sanitária que estamos atravessando e suas consequências sociais e econômicas, perguntemo-nos se desejamos adquirir resiliência, adaptar-nos o melhor possível à situação e até mesmo aproveitá-la como uma ocasião para crescer. Em que esta provação pode permitir-me melhorar? Abandonar um hábito negativo? Mudar alguma coisa em meu estilo de vida? Orientar-me profissionalmente? Aproximar-me ou, pelo contrário, afastar-me de certas pessoas de meu ambiente social? Fazer um trabalho sobre mim mesmo e seguir uma terapia? Evoluir em meus valores ou reconsiderar minhas prioridades de vida? No espaço de dois meses já pude observar pessoas que decidiram mudar de profissão, continuar vivendo no campo e optar mais pelo teletrabalho, abandonar seu cônjuge ou, pelo contrário, engajar-se mais numa relação, seguir melhor o trabalho escolar de seus filhos, recomeçar a prática de uma atividade esportiva ou artística etc.

Em chinês a palavra "crise" é representada por dois ideogramas: um significa perigo e o outro significa oportunidade. E a etimologia da palavra "crise" em grego significa que é preciso fazer uma escolha. Toda crise (pessoal ou coletiva) deve nos levar a fazer escolhas e aproveitar as novas oportunidades que se apresentam a nós. Como diz o psicólogo suíço Carl Gustav Jung, um dos grandes pioneiros da psicologia das profundezas: "As crises, os transtornos, a doença não surgem por acaso. Eles nos servem como guias para retificar uma trajetória, explorar novas orientações, experimentar um outro caminho de vida".

3
Adaptar-se

...

Quando somos afetados por uma provação repentina – luto, doença grave, agressão, demissão – nós passamos muitas vezes por um tempo de sideração (estado de profundo abatimento) e de negação: "Não! Não é possível!" Podemos permanecer por um longo tempo nesta atitude de resistência. Certas pessoas (sobretudo crianças) que sofreram estupro podem recalcá-lo ao ponto de esquecer totalmente este acontecimento altamente traumático. Esta forma de resistência psíquica as protegerá e lhes permitirá continuar a viver, mas as impedirá de se reconstruir e desabrochar verdadeiramente. O trauma permanece ali, enterrado, continuando a destilar seu veneno, perturbando sua vida afetiva e sexual ou mantendo-as num estado de ansiedade ou fóbico. De certa maneira, toda pessoa que experimentou um grave traumatismo, e permaneceu em atitude de resistência, funciona pensando unicamente em sobreviver em vez de viver plenamente. Para se reconstruir interiormente, crescer e desabrochar, ela precisará reconhecer o choque sofrido e procurar adaptar-se conscientemente (sendo que a adaptação inconsciente participa do modo de resistência) a fim de suportar a onda de choque e continuar não a sobreviver, mas a viver da melhor maneira possível.

Quando sofremos um traumatismo ou quando somos desestabilizados em nossos modos de vida, como foi o caso para a maioria de nós com a crise do Covid-19, trata-se, num primeiro momento, de dar mostras de adaptabilidade. Devo mudar brutalmente meus hábitos, continuar trabalhando em casa ou fazê-lo num ambiente ansiógeno, com máscara e luvas, fazer meus filhos trabalharem em casa, permanecer a maior parte do dia confinado/a num espaço reduzido com meu cônjuge ou minha cônjuge, não mais praticar minhas atividades recreativas habituais, não circular livremente: preciso adaptar-me rapidamente a esta nova situação para vivê-la da melhor maneira possível. Sair brutalmente de nossa zona de conforto, romper repentinamente com nossos hábitos não é coisa fácil. Isso exige um verdadeiro esforço e fiquei bastante admirado com a maneira como a maioria das pessoas o conseguiu. Vi ao meu redor exemplos admiráveis de pessoas que souberam adaptar-se a situações de confinamento às vezes muito difíceis. Citarei apenas o exemplo de minha mãe, com 95 anos de idade, que vive numa casa de repouso no sul da França e que não viu ninguém durante dois meses: nem parentes, nem cabeleireiro, nem cinesioterapeuta, nem qualquer outra pessoa idosa de seu ambiente. Seu único contato humano foi cruzar, três vezes ao dia por alguns segundos, com uma empregada da casa de repouso que vinha, com luvas e máscara, trazer-lhe a refeição numa bandeja. Ao telefonar para ela, eu lhe perguntava como ela suportava esta solidão e ela me respondia: "Eu leio, repenso minha vida, penso em meus quatro filhos, rezo por eles e por todos os que sofrem". Ela soube encontrar em si mesma os recursos para se adaptar a esta situação dolorosa e desestabilizante. Outras pessoas idosas que sofriam de solidão não chegaram a isso (retornarei ao tema num próximo capítulo sobre os vínculos).

Uma das qualidades que pode nos ajudar melhor a adaptar-nos a uma situação dolorosa sofrida é o humor. O humor, como sabemos desde Aristóteles, e principalmente a autoironia (zombar de si mesmo), permite colocar à distância o trágico. Já que não se pode mudar nada numa situação penosa ou absurda, é melhor rir dela! Em minha vida, o humor me ajudou muito a suportar situações dolorosas. Minha velha mãe me lembrou recentemente ao telefone – e ela ainda ria disso, o que a ajudava também – uma anedota na qual, com 3 ou 4 anos de idade, eu havia feito uma besteira, e ela me perguntava com que eu queria que ela me batesse (meus pais, como um bom número de pessoas de sua geração, tinha, infelizmente, este deplorável costume do nos punir com a ajuda de chicotes, cintos ou qualquer outro objeto eficazmente doloroso). Estávamos no jardim e meu olhar se voltou para a fumaça que saía da chaminé da lavanderia vizinha. Eu sugeri: "Com fumaça". Esta tirada de humor me permitiu escapar desta vez da punição corporal.

Desde o início do confinamento, quase todos nós, com nossos smartphones, compartilhamos fotos ou pequenos vídeos às vezes hilariantes que nos ajudaram muito a suportar esta situação inédita. A primeira que me mandaram mostrava um homem em trajes de banho passando protetor solar no corpo embaixo dos coqueiros. Depois a câmera fazia um *zoom* e se via que o homem estava em seu quarto diante de um cartaz exótico pendurado na parede. Criando e intercambiando estes pequenos filmes soubemos mostrar adaptabilidade utilizando o humor. Eles nos permitiram também rir com nossos amigos, sentir-nos mais próximos deles. E esta é uma das grandes virtudes do humor: não só nos fazer viver melhor o desconforto ou o trágico, mas também reforçar o vínculo amistoso e social.

 O humor, o riso, a ironia estão no cerne de uma grande corrente filosófica da qual me sinto muito próximo: o taoismo. Aparecido na China por volta do século VI antes de nossa era, o taoismo valoriza o humor como fator de desapego. O riso nos permite desapegar-nos de uma situação dolorosa, absurda, desconfortável, mediante a força de nossa mente. Recuar e, portanto, mostrar adaptabilidade. Para Chuang-Tzu (Zhuangzi, que viveu no século IV antes de nossa era), a principal qualidade a desenvolver para bem viver é, com efeito, a maleabilidade ou flexibilidade. Esta qualidade nos permite não procurar forçar as situações, mas adaptar-nos a elas e evoluir em função de acontecimentos exteriores que nem sempre podemos controlar. Existem, com efeito, numerosos acontecimentos coletivos e pessoais sobre os quais não temos nenhum controle: uma epidemia, uma guerra, uma doença, a perda de um ente querido, uma demissão por motivos econômicos, uma dificuldade relacional etc. É a doutrina da "não-ação" que está no cerne do pensamento taoista. Ela não estipula que é preciso permanecer passivo, mas que é preciso saber deixar ir e agir no momento oportuno. Isto vai contra nossa cultura ocidental moderna que pretende controlar tudo e cultiva o voluntarismo: se você quer, você pode!

Chuang-Tzu toma o exemplo de um nadador que quer atravessar um rio na enchente. Ele avança não impondo sua vontade à força da corrente, mas acompanhando seu fluxo: "Eu desço com os turbilhões e volto à tona com os redemoinhos. Obedeço ao movimento da água e não à minha própria vontade. É assim que chego a nadar tão confortavelmente na água"[2]. Isto me faz pensar em Montaigne, o maravi-

---

2 CHUANG-TZU. *Oeuvre complète*, livro 19. Paris: Gallimard, Folio essai, 1969.

lhoso escritor francês do século XVI, que utiliza uma outra imagem para dizer exatamente a mesma coisa: a imagem do equilíbrio do cavaleiro na sela. Para bem montar, um cavaleiro precisa acompanhar com fluidez o movimento imprimido por sua montaria. Montaigne, ou os sábios taoistas, nos dizem que para viver bem é preciso saber adaptar-se ao movimento permanente e imprevisível da vida.

Esta crise do Covid-19 pode nos levar a agir assim, tanto individual como coletivamente. Querer forçar as coisas, ou não mudar nada é impossível se quisermos lutar eficazmente contra a pandemia. Não temos outra escolha razoável senão adaptar nossos modos de vida a esta realidade. E, uma vez vencida a epidemia, de nada nos servirá querer que tudo volte a ser exatamente como antes. Nossas vidas foram atropeladas, nossos hábitos foram transtornados, tomadas de consciência ocorreram: levemos em consideração todas estas evoluções para recomeçar com o pé direito, numa boa direção, a fim de nos reconstruirmos permanecendo no movimento e na fluidez. Assim poderemos aproveitar as novas oportunidades que esta crise, como toda crise, fez surgir.

4

Cultivar o prazer e as emoções positivas

. . .

Quando somos vítimas de um traumatismo ou nossos modos de vida habituais são repentinamente transtornados, todo o nosso equilíbrio emocional fica fragilizado. O medo assume um lugar preponderante, podemos facilmente passar do riso às lágrimas, nos tornamos mais irritáveis, podem aflorar novamente antigas raivas e podemos ser invadidos bruscamente por ondas de tristeza. De maneira mais geral, nosso sentimento de bem-estar ou de felicidade pode ser atingido duradouramente, dando lugar a um sentimento difuso de estresse e de ansiedade, ou mesmo de angústia. Como reencontrar a serenidade e o bom humor? Veremos nos capítulos seguintes a importância do vínculo e do sentido para nutrir nossas necessidades afetivas e espirituais, ajudando nosso fortalecimento e crescimento. Mas, antes disso, eu gostaria de abordar a dimensão corporal e até química, que é essencial ao nosso equilíbrio emocional.

No decurso das últimas décadas, o progresso das neurociências revelou uma extraordinária química do cérebro que influencia diretamente nosso bem-estar. Estas pesquisas permitiram principalmente descobrir o papel capital dos neuromediadores em nosso equilíbrio emocional. Os neuromediadores são substâncias químicas liberadas pelos neurônios e que agem sobre outros neurônios. Foram enumerados cerca de sessenta; mas, de acordo com os estudos realizados graças às técnicas de neuroimagem – principalmente no Brain Bio Center de Princeton, sob o impulso do neurobiólogo Eric Braverman –, os quatro que exercem maior influência sobre nosso comportamento são a dopamina, a serotonina, acetilcolina e o GABA (ácido gamaminobutírico). A dopamina é, sem dúvida, a mais importante: associada aos prazeres, ela nos proporciona um sentimento de satisfação, de motivação, de apetite de viver. A serotonina está também implicada na alegria de viver, na serenidade, no contentamento, no otimismo, mas também no sono. É a principal molécula utilizada pelos laboratórios farmacêuticos para produzir antidepressivos. A acetilcolina está associada mais à intuição, à criatividade, ao gosto pela aventura. O GABA, por fim, favorece o distanciamento, a benevolência, a dedicação. Está implicado igualmente na produção de endorfinas, moléculas liberadas durante o esforço físico, criando uma sensação de euforia.

Além dos neuromediadores, nosso cérebro sofre também a influência dos hormônios, substâncias segregadas pelas glândulas endócrinas, como a hipófise, a tireoide, as suprarrenais ou as glândulas genitais. Liberados no sangue por estas glândulas endócrinas, os hormônios vão juntar-se geralmente a uma proteína que regula sua ação para assegurar o bom funcionamento de um grande número de funções fisiológicas. Entre os hormônios que desempenham um papel no bem-estar, encontramos a oxitocina, liberada principalmente por ocasião do orgasmo ou do aleitamento, e que favorece a relação com os outros, a empatia, a ternura. O sistema hormonal, como também os neuromediadores, se autorregulam por um sistema de *feed-back* que estimula ou freia sua produção. Mas este é desregulado pelo estresse.

Um traumatismo, um choque emocional, um estado geral de ansiedade transtornam a química de nosso organismo, o que só acentua o estresse e nosso sentimento de mal-estar ou de depressão.

A crise do Covid-19 provocou em muitos um forte estresse: medo da doença e da morte (e até luto por aqueles cujos parentes morreram), angústia diante da incerteza do futuro e do fracasso econômico, ansiedade diante da impossibilidade de circular livremente e de encontrar-nos com alguns dos nossos parentes ou pessoas próximas etc. Pela perda de nossos pontos de referência habituais, a crise favoreceu também, como me explicou o doutor Yann Rougier, especializado em neurociências, uma queda da serotonina, da dopamina e da oxitocina, já que muitos se viram confrontados com uma carência de ação e uma carência relacional. Com efeito, em nosso cotidiano nós nos organizamos para satisfazer nossas necessidades de ação e de relação. Organizamos nossa vida, na medida do possível, em função daquilo que traz prazer, satisfação, alegria. Procuramos naturalmente uma atividade profissional e passatempos que nos fazem bem, cultivamos nossa vinculação a uma família, a uma comunidade, a uma rede de amigos, a uma empresa. Ora, tudo isso ruiu brutalmente, no todo ou em parte, pelo confinamento e pela consequente desorganização de nossa vida. O mesmo acontece quando nossa vida é transtornada por uma doença grave, um divórcio, um falecimento, uma perda de emprego etc. Convém então não permanecermos passivos e substituir nossas atividades habituais por outras, adaptadas à nova situação, que assegurem nossas necessidades fundamentais de ação e de relação. Esta readaptação é necessária para regular a química de nosso cérebro que foi perturbada por esta brutal mudança de modo de vida. Aliás, é o que muitas pessoas confinadas fizeram, praticando esporte em casa, lançando-se em novas atividades artísticas, organizando via Internet, às vezes diariamente, "aperitivos-corona" etc. A dimensão lúdica e festiva desses encontros é fundamental, porque permite cultivar emoções positivas, indispensáveis ao nosso equilíbrio. Pelo contrário, passar horas ouvindo as – más – notícias, ouvir a ladainha do número cotidiano dos mortos, assistir a reportagens angustiantes sobre os serviços hospitalares entupidos etc. só reforça nossa ansiedade e perturba nosso equilíbrio químico e emocional. Não hesitei em dizer, com uma pitada de provocação, diretamente na BFM TV: "Parem de olhar ininterruptamente imagens ansiógenas se quiserem sentir-se melhor!" "Sentir-se melhor", aliás, em todos os sentidos da expressão: tanto no plano de nosso equilíbrio interior/emocional quanto no plano da saúde física, porque sabemos que estas duas dimensões estão ligadas: muitas doenças ocorrem após um choque e, inversamente, um bom equilíbrio emocional favorece a saúde. O que levava Voltaire a dizer, com uma pitada de humor: "Eu me esforço para ser feliz, porque parece que é bom para a saúde!" Quando sabemos que nosso sistema imunitário está ligado também ao nosso equilíbrio emocional, o que me foi confirmado pelo Dr. Rougier e por diversos amigos médicos, ficamos extremamente interessados em cultivar nossas emoções positivas em tempo de pandemia!

Quando estamos fragilizados, angustiados, desestabilizados, certamente não existe melhor remédio do que procurar o que nos causa prazer ou alegria: saborear iguarias de que se gosta, fazer esporte, cultivar seu jardim, dedicar-se a uma atividade criativa, passear na natureza, telefonar a um amigo querido, ouvir uma música que nos acalma, praticar ioga, meditar, assistir a um filme que nos traz bom humor, ler poemas, saborear um bom copo de vinho... Isto me lembra também o que afirma Spinoza no livro IV de sua *Ética*: "Um afeto não pode ser suprimido ou contrariado senão por um afeto contrário mais forte que o afeto a ser contrariado"[3]. Isto diz tudo: não se pode abandonar uma emoção ou um sentimento de medo, de tristeza, de raiva, ou uma depressão, senão mobilizando uma outra emoção ou sentimento positivos: prazer, gratidão, amor, alegria. De maneira geral, e mais ainda num período de crise, procuremos toda experiência que nos cause emoções positivas, satisfação de viver.

---

3 SPINOZA. *Éthique*, IV, proposição 7.

5

Desacelerar e saborear o instante

...

"Apressa-te a viver bem e pensa que cada dia é, por si só, uma vida"[4], escrevia o filósofo estoico Sêneca a seu amigo Lucílio. A experiência do confinamento pode ter sido para um grande número de pessoas a ocasião de desacelerar e de experimentar um outro modo de vida, menos voltado para a ação e o mundo exterior e centrado mais na interioridade e na qualidade de vida. Como acabei de evocar, isto pode ter produzido um desarranjo emocional e bioquímico; mas, se soubermos encontrar outras atividades satisfatórias ou a possibilidade de investir de maneira mais intensa em menos atividades,

---

4 SÊNECA. *Cartas a Lucílio.*

poderemos reencontrar um bom equilíbrio. Talvez descubramos, com efeito, que sentimos mais prazer arranjando tempo para fazer as coisas, ou mesmo dedicando tempo a não fazer nada, a contemplar uma paisagem, a devanear, a estar à escuta de nossos estados de alma após uma conversa com uma pessoa próxima, após a leitura de um livro ou depois de assistir a um filme. Esta desaceleração imposta aos nossos modos de vida pode ter um efeito muito benéfico e despertar em nós a vontade de continuar a viver mais lentamente. Várias pessoas me confidenciaram o desejo de abandonar a superatividade das grandes metrópoles, permanecer num ritmo de vida mais natural e adaptado às nossas necessidades fundamentais. Este recuo imposto pela pandemia levou muitas pessoas a reconhecer que nossa vida moderna, trepidante, pouco nos ajudava a desabrochar e crescer, que tínhamos necessidade de mais tempo para fazer bem as coisas e saborear plenamente a vida.

Os neurocientistas se perguntaram em que momento e em que condições nosso cérebro produzia os principais neuromediadores que evoquei no capítulo anterior. A técnica da neuroimagem permitiu observar centenas de indivíduos e chegar à seguinte constatação: a única condição necessária para que nosso cérebro produza as principais substâncias necessárias ao nosso bem-estar e ao nosso equilíbrio emocional (como a dopamina e a serotonina) é estar plenamente atento àquilo que fazemos. Uma pessoa que realiza uma tarefa pensando em outra coisa, ou que faz diversas coisas ao mesmo tempo, terá um déficit de dopamina ou de serotonina. Em compensação, um indivíduo concentrado em seu trabalho ou numa atividade qualquer, atento ao que ele olha ou escuta etc. terá um bom equilíbrio em neuromediadores, o que aumentará seu prazer e seu sentimento de bem-estar. Precisamos reconhecer que nossa atenção está muitas vezes dispersa: cozinhamos falando com as pessoas próximas, ajudando nossos filhos a fazer seus deveres ou ouvindo rádio (e, às vezes, as quatro coisas ao mesmo tempo!). Andamos na rua telefonando e passeamos na natureza ruminando nossas preocupações pessoais ou profissionais etc. Esta dispersão da atenção é certamente uma das causas da proliferação da ansiedade, do estresse, da exaustão (*burn-out*) e das depressões, já que ela acarreta um desequilíbrio bioquímico que perturba nosso humor e nossas emoções. Em vez de tomar antidepressivos, seria muito mais natural e eficaz mudar nossa maneira de viver, arranjar tempo para fazer as coisas, saborear cada pequeno prazer cotidiano, tornar-nos novamente presentes e atentos a nós mesmos, aos outros e a tudo o que fazemos.

Considero apaixonante que as descobertas científicas mais recentes sobre a química do cérebro se juntam às intuições dos antigos: "Enquanto falamos, o tempo ciumento fugiu. Aproveita o dia (*Carpe diem*), sem confiar no amanhã"[5], escrevia o poeta Horácio no século I de nossa era. Vários séculos antes, o filósofo Epicuro já nos convidava a desfrutar plenamente o momento presente para ser feliz; e os sábios estoicos exaltavam como atitude de vida a *prosochê*, a concentração no momento presente, livre dos apegos ao passado e das preocupações com o futuro. Marco Aurélio, o imperador romano impregnado de filosofia estoica, escrevia assim em seus *Pensamentos*: "Não te deixes perturbar pela representação de toda a tua vida. [...] Eis o que basta: o juízo fiel à realidade que emites no instante presente, a ação comunitária que realizas no instante presente, a

---

5 *Odes*, I, 11.17.

disposição de acolher com benevolência no instante presente todo acontecimento produzido pela causa exterior"[6]. Como bom epicureu, Montaigne insiste em seus *Ensaios* (*Essais*) na necessidade de tomar consciência e de saborear os momentos felizes da existência e de desfrutá-la plenamente no instante, sem outra preocupação: "Quando danço, eu danço; quando durmo, eu durmo"[7].

Eu acrescentaria, no entanto, uma nuança importante: quando atravessamos um momento difícil, pode ser útil relembrar bons momentos do passado. Isso não tem nada a ver com ruminação triste: pelo contrário, trata-se de se concentrar numa lembrança feliz e de reviver todas as suas sensações no presente, à imagem de Marcel Proust, que reativa, mediante a sensação deliciosa de uma Madalena embebida em chá, a lembrança de sua infância. Epicuro, aliás, nos diz que é preciso esforçar-se para viver no instante presente, salvo sob tortura ou grandes sofrimentos, durante os quais é preferível relembrar um momento alegre, como a companhia agradável de um ente

---

6 *Pensamentos*, VIII, 36, e IX, 6.

7 *Essais*, III, 13.

querido, a fim de diminuir a dor. Durante o confinamento, várias pessoas isoladas me confidenciaram ter recorrido a esta anamnese para suportar melhor a solidão. Um amigo me disse também que ele havia aproveitado este tempo para mergulhar novamente com alegria nas BD (histórias em quadrinhos) de sua infância e uma amiga me disse que ela procurou reencontrar as receitas das boas comidas caseiras que sua avó cozinhava em fogo brando para ela!

A partir de Buda, os sábios da Índia recomendam esta prática da atenção ao instante presente e elaboraram técnicas de meditação que visam, num primeiro tempo, acalmar nossa mente. Com efeito, nós estamos continuamente pensando em alguma coisa e esta maré incessante nos impede de estar plenamente presentes e disponíveis. A primeira etapa da meditação budista visa, portanto, obter a calma interior (*samatha*, em sânscrito). A tradição preconiza a posição sentada, com o dorso bem ereto. Com os olhos fechados ou semifechados, presto atenção à minha respiração a fim de favorecer a calma mental. Acolho tudo o que se apresenta (pensamentos, sensações, emoções) sem refletir nem julgar. Minha mente está presente, atenta, vigilante, sem estar tensa nem reflexiva. Observo os pensamentos que passam, sem segui-los. Este exercício muito simples, que pratico diariamente há mais de trinta e cinco anos, tem excelentes virtudes terapêuticas: favorece a paz interior, a calma emocional, a concentração, o distanciamento e o desapego. É a razão pela qual a meditação se tornou, no decurso das últimas décadas, um amplo movimento leigo sob o impulso do médico americano Jon Kabat-Zinn, fundador da *Mindfulness* (atenção plena ou plena consciência), popularizada na França pelo doutor Christophe André. Milhares de estudos científicos mostraram que a prática cotidiana da meditação reduzia consideravelmente o estresse e a ansiedade. Por isso ela é proposta cada vez mais nas prisões e nos hospitais (mais de 500 estabelecimentos nos Estados Unidos).

Eu a recomendo vivamente a toda pessoa que sofreu um traumatismo ou que atravessa um período de estresse, como é talvez o caso atualmente. Uma meditação de dez a vinte minutos por dia já pode ser suficiente para começar a observar – o mais das vezes após duas ou três semanas – mudanças significativas em nosso humor, em nossa vida emocional ou em nossa mente. Não somos obrigados a meditar sentados em nosso quarto: podemos fazê-lo em qualquer lugar, quando estivermos tranquilos. Acontece-me às vezes meditar na natureza, num táxi, num banco de uma praça. Esta prática tem também evidentemente um profundo impacto espiritual. Desenvolvendo um silêncio e um espaço interior, ela reforça nossa mente, torna-a mais disponível às intuições, mais aberta ao discernimento, mais capaz de distanciamento e de desapego. Ela nos ajuda a edificar o que Marco Aurélio chama de "cidadela interior", o espaço íntimo que nada poderá vir perturbar. Ela favorece a busca principal dos epicureus e dos estoicos: a ataraxia (a ausência de perturbação, a tranquilidade da alma). Não há coisa mais útil a desenvolver para permanecer serenos quando vivemos num mundo cada vez mais caótico e imprevisível!

6
Estreitar os vínculos

...

"O homem é um animal social", afirmava o filósofo grego Aristóteles. Pertence à sua natureza viver em estreita relação com seus semelhantes, como aliás ocorre com a maior parte dos animais. Evoquei também o fato de que um bebê não podia sobreviver sem se sentir amado e que o sentimento de pertença era uma de nossas necessidades mais fundamentais, que nos traz tanto a segurança interior como a possibilidade de crescermos, de nos desenvolvermos harmoniosamente. O psicanalista inglês John Bowlby mostrou que o apego *seguro* primário permite à criança estabelecer mais tarde outros vínculos socioafetivos que facilitarão a resiliência. Com efeito, quando alguém é afetado por um trauma, os vínculos socioafetivos são essenciais para reconstruir-se, para ganhar novo impulso, para reencontrar a confiança necessária a fim de avançar na vida.

A crise do Covid-19 testou nossos vínculos e ao mesmo tempo permitiu estreitá-los. Ela os testou de duas maneiras. Primeiramente, pela distância física de proteção: deixamos de nos tocar nas relações sociais e desenvolvemos um medo do outro, ligado a uma possível contaminação. Em seguida, pelo confinamento, que nos separou de alguns de nossos parentes, de nossos amigos, de nossos colegas de trabalho, de todos aqueles com quem costumávamos conviver em nossa vida cotidiana. Como acabamos de ver, este vazio relacional pode provocar desgastes importantes em nosso equilíbrio emocional e fomos obrigados a compensá-lo, principalmente pela Internet. Assim como muitas vezes sou crítico a respeito dos desvios de rumo deste instrumento, ligados principalmente ao empobrecimento dos vínculos e à dependência que ele ocasiona, assim também reconheço que durante este período inédito de confinamento, ele será extremamente precioso para se religar aos outros. Vimos os grupos de WhatsApp explodir e as videoconferências favoreceram a manutenção de um contato visual com nossos amigos e colegas de trabalho. Conheço também terapeutas que trataram pessoas à distância, principalmente utilizando técnicas como a EMDR (Eye Movement Desensitization and Reprocessing – Dessensibilização e Reprocessamento por Movimentos Oculares), que ajudam a administrar o estresse ou o medo. São numerosos também os que utilizaram aplicativos para fazer esporte, ioga e até meditação em grupo. Em combinação com um músico, uma amiga sofróloga desenvolveu meditações semanais, concebidas como viagens interiores em meio a sons de chuva, de ondas, de pássaros etc. São viagens que permitem acalmar-nos, evadir-nos, projetar-nos fora de nossas paredes.

Um ritual coletivo difundiu-se rapidamente no plano nacional e em diferentes países: abrir a janela para aplaudir os cuidadores, todas as noites às 20 horas, o que reforçou o vínculo coletivo num impulso comum de gratidão para com os que arriscam sua vida para salvar a dos outros. Esses rituais coletivos soldam os povos em tempos de crise, mas permitem também desenvolver sua benevolência, sua gratidão e sua compaixão, três sentimentos positivos que reforçam a relação com os outros e o bem-estar emocional. Em suma, durante esta crise não nos faltou criatividade para manter ou reforçar os vínculos entre os humanos, e esta é uma das condições essenciais da resiliência.

No entanto, durante esta experiência do confinamento, o vínculo com as pessoas mais próximas (nossos cônjuges, nossos velhinhos, nossas crianças) foi muitas vezes problemático. As famílias ficaram confinadas em espaços exíguos e a coabitação nem sempre foi fácil. Encontrar-se com o cônjuge à tarde ou à noite e nos fins de semana é uma coisa, tê-lo a seu lado o dia inteiro é outra coisa: isto alegrou alguns, mas desestabilizou outros. Houve casais que reforçaram os vínculos e outros que se afastaram ou se separaram. Todo traumatismo e toda modificação brutal em seus hábitos são desestabilizantes e constituem um teste decisivo para os casais. Quando os parceiros são capazes de comunicar-se de maneira construtiva, eles podem encontrar uma saída para a crise que atravessam. Senão, sua relação pode se degradar ao ponto de chegar a atos repetidos de violência verbal e física. Assim diversas fontes médicas, associativas e policiais revelam que as violências conjugais, mas também as violências contra os filhos tiveram uma forte alta durante o confinamento.

Foi sem dúvida para nossos idosos e para nossas crianças que o confinamento foi mais penoso. Evoquei resumidamente minha velha mãe de 95 anos, que ficou isolada durante dois meses sem ver ninguém, a não ser por breves instantes uma empregada de sua casa de repouso. Ela soube encontrar em si mesma forças para superar esse terrível sentimento de solidão, mas algumas pessoas ficaram totalmente desestabilizadas e desanimaram de viver. Um dos meus melhores amigos trabalha como médico em casas de repouso. Ele me contou o sofrimento terrível de numerosas pessoas desnorteadas por estas mudanças brutais de seus hábitos e por uma solidão muito longa. Aliás, uma senhora de 90 anos lhe confidenciou que preferia arriscar-se a ficar contaminada pelo vírus, com o risco de morrer, a permanecer por mais tempo sem ver seus filhos e netos. Esta interminável ausência de seus familiares a tornou profundamente triste. Se no futuro formos levados a viver um período como este, será necessário certamente mostrar mais flexibilidade e engenhosidade nas casas de repouso para chegar a conciliar melhor a proteção necessária dos humanos e a também indispensável necessidade de contatos com nossos idosos.

As crianças foram também, muitas vezes, as vítimas das consequências sociais desta crise. A suspensão das aulas, como também a angústia dos adultos, as perturbaram. O discurso marcial do presidente da República teve talvez o mérito de mobilizar nossos concidadãos e de estimulá-los à disciplina para lutar contra a propagação do vírus, mas é perturbador para uma criança ouvir falar de "guerra". Do mesmo modo, a ladainha cotidiana de mortos é muito ansiógena para crianças que não conseguem pôr estes números em perspectiva com outros a fim de relativizá-los.

As crianças são esponjas emocionais que absorvem as angústias dos adultos. O medo é tão contagioso como o vírus e é fundamental, para elas como para nós, não manter um clima de angústia em nossos lares, deixando, por exemplo, a televisão ligada sem interrupção num canal só de informações ou só falar da situação sanitária à mesa.

As crianças, tanto quanto aos adultos, sofreram também com a falta de vínculos: não viram seus colegas de escola ou de suas atividades de lazer, os membros de sua família extensa (avós, primos etc.) e o vínculo com seus pais e irmãos e irmãs podem ter-se revelado particularmente conflituoso por causa da promiscuidade. Passaram tempo demais em seus tablets e computadores, e muitas perderam o contato com a natureza e os espaços verdes. O confinamento se revela também problemático: como fazer para que as crianças (na escola ou em outros lugares) possam respeitar as instruções sanitárias: não se tocar, permanecer a um metro de distância umas das outras, às vezes usar máscaras etc.? Isto pode deixar nelas uma marca traumática duradoura, talvez até uma fobia do outro ou do toque. Já nossos adolescentes, devido à sua cultura do virtual, estavam cada vez menos inclinados ao contato físico; por isso podemos inquietar-nos hoje com o impacto negativo que esta crise poderá ter, quando sabemos da importância dos vínculos de ternura física para o bom desenvolvimento psicoafetivo da criança e do adolescente. Já evoquei o papel crucial da oxitocina, o hormônio do vínculo afetivo, para nosso bem-estar. Outra, este hormônio se desenvolve principalmente pelos contatos físicos: os beijos, os carinhos, os gestos de ternura. Mantenhamos, enquanto possível, estes vínculos de ternura com nossos parentes e pessoas próximas, e principalmente com nossas crianças, pois eles são essenciais para a resiliência. A presença de animais de estimação nos lares favorece também estes intercâmbios tácteis de ternura e ajudam muito as crianças.

Os pedopsiquiatras (psiquiatras da infância e da adolescência) também se inquietaram durante a crise com o sofrimento maior das crianças que sofrem de deficiências, de hiperatividade ou de problemas de atenção. O confinamento foi, para elas e para seus pais, uma provação particularmente rude. Se essa situação se repetir, será necessário, mais uma vez, que o governo mostre mais flexibilidade para que estas crianças possam ter mais possibilidades de movimentar-se e de manter vínculos sociais. Como ocorre após qualquer choque emocional, é necessário tomar consciência do traumatismo vivido pelas crianças e poder ajudá-las a falar disso, a verbalizar suas emoções e seus ressentimentos, a elaborar seu pensamento e a compartilhá-lo.

Em 2016 criei, junto com Martine Roussel Adam, a fundação e associação SEVE (Savoir Être et Vivre Ensemble – Saber Ser e Viver Juntos), que visa desenvolver oficinas de filosofia e de prática da atenção, principalmente nas escolas, para ajudar as crianças e os adolescentes a crescer em discernimento e em humanidade. Durante esta crise, por razões sanitárias, tivemos que suspender nossas oficinas; mas, cada vez que nos foi possível, permanecemos em contato com grupos de crianças por telefone ou videoconferência. Mais do que nunca, as crianças se fazem perguntas existenciais ligadas ao medo: Estamos numa "verdadeira" guerra? Precisamos ter medo de todo mundo? Será que meus avós vão morrer? Mas também perguntas ligadas à liberdade: Será que ainda sou livre estando confinado/a em casa? Ligadas à amizade: Será que ainda tenho amigos se não os vejo mais? Desde agora, e sem dúvida durante vários meses, os pais e as equipes pedagógicas precisarão enfrentar todos estes questionamentos e o transbordamento de emoções vividas. A tarefa, acrescentada a todas as instruções sanitárias, será difícil para eles e, no entanto, ela é crucial para que as aulas reencontrem um clima propício para os aprendizados. Precisamos acompanhá-las. Por isso a SEVE participa da criação de um kit pedagógico: Covid'Ailes. Esse projeto, iniciado por Rebecca Shankland, professora pesquisadora de psicologia positiva na Universidade de Grenoble e na Associação Essenci'Ailes, reuniu especialistas, profissionais da educação e da saúde, como também diversas associações. O kit contém oficinas integrais sobre a reflexão filosófica e as competências psicossociais, a fim de ajudar as crianças a desenvolverem seus recursos e suas competências cognitivas, emocionais e sociais e assim alçarem voo novamente após o confinamento. Ele é posto gratuitamente à disposição do conjunto dos estabelecimentos escolares.

7
Dar sentido

...

Após as etapas de resistência e de adaptação, o processo de resiliência – de reconstrução e de crescimento interior – se aprofunda com o estreitamento dos nossos vínculos afetivos e sociais, mas também por nossa capacidade de dar sentido à nossa vida. Digo justamente "dar sentido à nossa vida" e não "procurar o sentido da vida". Com efeito, não se trata tanto de um questionamento metafísico sobre o sentido da vida humana, por mais importante que este seja, quanto de procurar dar sentido à sua própria existência. Talvez existam tantos sentidos quanto indivíduos, isto pouco importa. O que conta, para viver melhor, mas também para se reconstruir após um traumatismo, é que cada indivíduo possa dar um significado e uma direção à sua existência.

Dar um *significado* à sua vida é encontrar razões para viver. É tentar responder, mesmo que provisoriamente, à pergunta: Por que tenho vontade de continuar a viver? Esta pergunta é tanto mais forte quando somos confrontados com a proximidade da morte: no fundo, será que eu luto apenas para sobreviver, de maneira instintiva e por medo da morte, ou antes será que desejo ainda viver plenamente? E em caso positivo, por quê? O que é que desejo realizar que ainda não pude realizar? O que é que me parece essencial, importante, supérfluo? Quais são as coisas preciosas às quais desejo consagrar minha energia pelo tempo de vida que me resta? Existem pessoas ao meu redor às quais desejo dar amor? Com as quais desejo construir um projeto individual ou coletivo? Que eu poderia ajudar e apoiar? A quem eu poderia transmitir alguma coisa de útil? Interrogando-me desta maneira, posso chegar a dar um significado à minha existência, a encontrar boas razões para viver.

Todas estas razões me permitirão dar uma *direção* à minha existência, ou seja, fazer escolhas. Elas me ajudarão a me cercar de pessoas boas, a escolher as atividades que me convêm, a bem administrar o meu tempo, a cultivar o que me faz crescer e me causa alegria e a abandonar o que me diminui ou me mergulha na tristeza, para retomar o axioma spinozista evocado acima. Spinoza nos diz também que "o desejo é a essência do homem"[8], o motor de todas as nossas ações. Sendo assim, o que conta para ser bem-sucedido em minha vida é aprender – apoiando-me na razão e na experiência – a orientar meus desejos para pessoas, coisas, ideias que são boas para mim. E, inversamente, deixar de desejar pessoas, coisas ou ideias que me fazem mal, que me diminuem. As principais escolhas que precisamos fazer em nossa existência são as da justa orientação de nossos desejos. Para viver bem não é necessário de forma alguma deixar de desejar, mas aprender a escolher bem o alvo dos nossos desejos. E sua justa orientação dependerá da qualidade de nosso discernimento e do sentido que pretendemos dar à nossa vida. Nossas razões de viver e a direção que desejamos dar à nossa existência condicionam a escolha de

---

[8] SPINOZA. *Ética*, III, definição dos sentimentos, 1.

nossos valores, mas também a ordem destes. É o que em filosofia se chama axiologia. Por exemplo, será que eu privilegio minha liberdade em detrimento do engajamento numa relação, ou o inverso? Será que coloco em primeiro plano minha vida profissional em detrimento da minha vida familiar, ou o contrário? Todos nós, consciente ou inconscientemente, somos continuamente confrontados com este tipo de escolha e os tipos de escolha podem evoluir ao longo de nossa existência.

Quando atravessamos uma crise de vida, seja de que natureza for, a questão do sentido volta à tona. Às vezes nós a reprimimos. No entanto, é melhor ocupar-nos seriamente com ela, poque ela nos ajudará de maneira decisiva a recomeçar, seguir em frente e nos reconstruir. É muito evidente que a crença em Deus e na vida eterna ou um engajamento em algum caminho espiritual fornecem razões para viver. As pessoas que têm uma fé profunda são muitas vezes as que resistem melhor às grandes provações da vida. Mas não só. Victor Frankl, um eminente médico psiquiatra austríaco, discípulo de Freud, viveu uma tragédia pessoal que o levou a colocar a questão do sentido da vida no cerne de todo processo de resiliência.

Quando os nazistas invadiram a Áustria, Frankl recusou-se a aplicar a eutanásia aos doentes mentais. Em 1942 ele é deportado com sua mulher, seus pais e seu irmão mais novo. Ao ser libertado do campo de Auschwitz, em 1945, ficou sabendo que todos os membros de sua família haviam morrido na deportação. Ele percebe então que aquilo que lhe permitiu resistir durante três anos nos campos da morte o ajudava também a superar esta nova tragédia: ele soube dar um sentido à sua existência, apesar do horror e do absurdo. São suas razões de viver que irão ajudá-lo a se reconstruir e a não cair em depressão ou no desespero, como foram elas que o ajudaram a sobreviver no inferno dos campos nazistas. "Para sobreviver é necessário cultivar uma razão de viver": esta é a mensagem que Victor Frankl transmite na teoria do sentido da vida que ele elabora, a *logoterapia*. Esta se funda em sua experiência pessoal, mas também no que ele observou nos campos de concentração e que o havia interpelado: não eram os mais robustos, voltados para a ação, que sobreviviam melhor às condições desumanas dos campos, mas aqueles, às vezes muito mais fracos, que tinham razões para viver. Ele escreve: "Diante do absurdo, os mais fracos haviam desenvolvido uma vida interior que lhes deixava um lugar para manter a esperança e questionar o sentido [...]. Era preciso mudar completamente nossa atitude a respeito da vida. Era preciso aprender por nós mesmos e, além disso, era preciso mostrar aos que eram vítimas do desespero que o importante não era o que esperávamos da vida, mas o que a vida esperava de nós. Em vez de se perguntar se a vida tinha um sentido, era preciso imaginar que era a vida que nos questionava, diariamente, e a toda hora"[9]. O que Victor Frankl nos ensina é que aquele que tem um "por quê" consegue viver seja qual for o "como". E que dar sentido à sua vida é o melhor meio de sobreviver, de se reconstruir após uma provação, de mostrar todo o nosso potencial vital para crescer em humanidade.

O psicólogo Carl Gustav Jung observa que, por volta da meia-idade, em sua maioria os indivíduos atravessam uma crise que poderíamos definir,

---

[9] Dossier "La malatie a-t-elle un sens?: De la culpabilité à la responsabilité". *Enquêtes de santé*, agosto-setembro de 2010, n. 2, p. 23.

precisamente, como uma crise do sentido. Eles se formulam perguntas existenciais sobre suas principais escolhas de vida, tanto no plano pessoal como profissional: Será que a vida que levo me convém? Escolhi a profissão boa? Será que desejo permanecer com meu cônjuge ou tornar-me celibatário? Será que escolhi o bom lugar para viver? De maneira geral, as perguntas centrais são: Será que sou feliz e será que minha vida tem sentido? Para Jung, o indivíduo inicia então um "processo de individuação", ou seja, uma viagem interior que o leva a descer até as profundezas de si mesmo, ao encontro de seu eu, de seu ser profundo, para além de todas as influências exteriores (parentes, cultura, religião).

As provações da vida, os acontecimentos traumatizantes tanto no plano individual como no plano coletivo, favorecem também um processo de individuação. Por atropelarem nossos hábitos e abalarem nossas certezas, por nos confrontarem às vezes com a morte, elas nos levam muitas vezes a nos recolocar a pergunta pelo sentido de nossa existência e de nossas escolhas de vida. No decurso das últimas semanas, ouvi numerosos testemunhos de pessoas que se colocavam este tipo de perguntas: Vou continuar no mesmo trabalho? Vou permanecer com meu cônjuge? Vou continuar vivendo na cidade ou instalar-me no campo? Vou continuar a viver endividado e dependente dos bancos ou escolher um modo de vida mais sóbrio e livre do sistema? Vou continuar vivendo sem me dar o tempo de saborear a existência? Como eu lembrava acima, toda crise oferece oportunidades de mudar, de reorientar sua vida, de rever sua escala de valores, de ir ao essencial. Não deixemos passar esta oportunidade.

8
Tornar-se livres

. . .

A maioria de nós (todos os que não conheceram a Segunda Guerra Mundial) acaba de viver uma experiência inédita: a privação de um dos nossos direitos mais fundamentais, a liberdade de circular. Esta restrição foi legitimada por alguns Estados, entre os quais a França, para limitar a propagação da epidemia do Covid-19 e assim proteger os mais vulneráveis. O argumento é aceitável, porque a segurança dos cidadãos é a primeira missão do Estado, embora muitos não deixarão de se perguntar sobre as graves deficiências em matéria sanitária que levaram alguns países ao confinamento obrigatório do conjunto da população: ausência de máscaras de proteção, falta de leitos nos hospitais, reação tardia de medidas de proteção etc. O exemplo de Taiwan e da Coreia do Sul, pelo contrário, é notável: estes países estavam preparados (graças à SARS) para este tipo de epidemia e, desde janeiro, impuseram as medidas de proteção necessárias, como fechamento das fronteiras e medidas de prevenção, dispunham de máscaras em número suficiente e souberam rastrear em grande escala sua população. Por conseguinte, nenhum confinamento foi necessário e todo mundo pôde continuar a circular livremente sem que isso favorecesse a propagação da epidemia. Afinal, estes dois países só tiveram muito poucos casos de contaminações e de mortos a deplorar, embora a epidemia tenha recomeçado em Seul no mês de maio, de maneira esporádica, acarretando o fechamento dos bares e discotecas.

A França é o exemplo inverso: Tomada tardia de consciência da ameaça, nenhum rastreamento implantado, ausência trágica de máscaras – os estoques importantes foram destruídos ao longo dos últimos anos por razões econômicas – etc. Nesse contexto, o confinamento era a única medida possível para evitar uma propagação dramática do vírus e a consequente sobrecarga dos hospitais. Entretanto, poderia ter sido aplicada apenas às pessoas vulneráveis ou então recomendada pelo Estado, mas sem controle e autuação dos cidadãos, como ocorreu na Suíça ou na maioria dos países anglo-saxões. É provável que o caráter indisciplinado dos povos latinos tenha forçado a França, a Itália e a Espanha a adotar essas medidas de controle de sua população, o que é em si lamentável..., mas este é um outro problema, ao qual retornarei no último capítulo a propósito da responsabilidade individual.

O fato é que o confinamento obrigatório nos privou de nossa liberdade de circular ou, para algumas pessoas, de trabalhar; mas teve também como consequência privar-nos de restaurantes, cinemas, concertos, teatros, cabeleireiros, salas de ginástica, academias e numerosas outras atividades sociais ou culturais que contribuíam para nosso equilíbrio de vida. Estas privações e proibições nos mergulharam também numa situação infantilizante, que despertou em alguns a raiva, ou mesmo um sentimento de revolta. Esta privação da liberdade nos perturbou e nos trouxe uma desordem emocional mais ou menos grave.

Paradoxalmente, ela poderá também nos fazer experimentar um sentimento maior de liberdade. E isso de duas maneiras. Libertando-nos em primeiro lugar do peso dos hábitos, poderemos experimentar uma outra maneira de viver, na qual teremos mais tempo para nós mesmos, para os parentes e pessoas próximas, para viver experiências gratificantes, para saborear os pequenos prazeres da existência. Poderemos então tomar consciência de que, embora antes fôssemos livres para fazer o que queríamos, estávamos subjugados pela necessidade de ganhar cada vez mais dinheiro para satisfazer as nossas necessidades cada vez mais numerosas. De que éramos prisioneiros de nossos modos de vida e das coações sociais que pesavam sobre nós. De que éramos escravos de nossas pulsões consumistas. Passado um tempo de desestabilização, várias das pessoas mais próximas me revelaram ter sentido, graças ao confinamento, um sentimento de liberdade interior que contrastava estranhamente com a privação de sua liberdade de movimento. Um amigo, confinado na casa de campo herdada de seus pais, confidenciou-me não querer mais retornar ao ritmo infernal de sua vida parisiense e estar disposto a ganhar menos dinheiro para poder manter este modo de vida mais sóbrio, no qual ele se sente mais livre e mais feliz, bem como sua mulher e seus filhos.

É muito evidente que esta experiência de liberdade reencontrada diz respeito sobretudo aos que puderam viver o confinamento em boas condições, principalmente no campo, ou em espaços de vida decentes. Não se pode dizer o mesmo daqueles cuja privação da liberdade de movimento foi sinônimo de enclausuramento em espaços estreitos, como que empilhados uns sobre os outros, ou de solidão total. O confinamento nada mais fez do que reproduzir e ampliar as desigualdades de nossas sociedades e esta é uma das razões pela qual no futuro é preciso fazer tudo para evitá-lo, inventando outros meios de lutar contra um risco epidêmico. Mas para os que tiveram a oportunidade de viver o confinamento em boas condições, ele pode ter sido uma experiência paradoxal de tomada de consciência de todos os nossos apegos habituais, que nos privam da liberdade e nos sujeitam aos nossos desejos ou à nossa necessidade de reconhecimento social.

Por outro lado, poderemos experimentar uma nova forma de liberdade interior e isso seja qual for o confinamento que tivermos vivido: a liberdade de reagir positiva ou negativamente à coação sofrida. Com efeito, estou convencido de que nossa maior liberdade está na maneira como podemos reagir a um acontecimento exterior que nos contraria. Como já evoquei, nosso equilíbrio emocional é perturbado, mas nós permanecemos livres para cultivar este medo assistindo à televisão o dia inteiro ou então cultivar a alegria dedicando-nos a atividades que nos fazem bem. Continuamos livres para deixar explodir a raiva ou contê-la, para deixar enraizar-se ou não um ressentimento, um rancor, uma contrariedade. Diante de um obstáculo ou de uma provação, permanecemos livres para fazer "de um limão uma limonada", como diz tão bem o ditado popular, ou então "reprimir-se". Permanecemos livres para ver o copo meio cheio ou meio vazio, para procurar adaptar-nos ou não da melhor maneira possível a uma situação desestabilizante. E nosso mais belo ato de liberdade interior será justamente saber utilizar uma ferida, uma coação, uma doença, um fracasso, um traumatismo da vida para mobilizar nossos recursos interiores e crescer.

É o ápice da resiliência e as pessoas que fizeram este caminho são muitas vezes as mais belas e as mais humanas de todas.

Tenho a profunda convicção de que nós não nascemos livres: nós nos tornamos livres. Nós começamos sendo condicionados por nossos genes, nossa educação, nossos afetos inconscientes. Depois, aprendendo a nos conhecer, podemos progressivamente adquirir liberdade. Sabendo em primeiro lugar orientar nossos desejos para o que é verdadeiramente bom para nós, para o que nos faz crescer e nos causa alegria (*conatus* de Spinoza e processo de individuação de Jung evocados acima). Em seguida, aprendendo a observar e orientar nossas emoções de maneira adequada, a fim de manter a paz interior.

Nelson Mandela, que passou vinte e sete anos na prisão, soube, em pleno cativeiro, desenvolver uma profunda liberdade interior que lhe permitiu perdoar seus opressores e permanecer sereno apesar do sofrimento e da injustiça. Assim ele pôde, uma vez libertado, conduzir todo um povo à reconciliação. Se tivesse cultivado o ódio e o ressentimento na prisão, o que ele teria sido?

9
Domesticar a morte

...

Como todas as epidemias ao longo da história, a crise do Covid-19 colocou nossas sociedades em confronto com a questão da morte. Uma morte que há décadas, no Ocidente, tínhamo-nos acostumado a manter distante. Na maior parte das vezes, morre-se a sós, no hospital, e usam-se eufemismos para invocá-la: fulano "partiu", "foi para o além", "faleceu". Eis que, de repente, sociedades que não haviam vivido guerras, nem fome, nem pandemias desde mais de meio século depararam-se com a ameaça de uma morte imprevisível, coletiva, quando irrompe a tragédia. Ora, se metade da humanidade ficou confinada, é porque os Estados deram prioridade absoluta à luta contra o vírus, a fim de salvar o máximo de vidas possível. Isso mostra o quanto nossas sociedades evoluíram, no espaço de algumas décadas, no tocante à nossa relação com a morte.

A terrível epidemia da gripe de Hong Kong, em 1968-1970, fez mais de um milhão de vítimas no mundo (quatro vezes mais do que a cifra atual do coronavírus), das quais 35 mil na França e 50 mil nos Estados Unidos, e nenhum governo tomou, na época, medidas radicais para tentar bloquear a epidemia. Mais que isso: praticamente não se fez menção a informações sobre ela! A razão é muito simples: essa epidemia, como o Covid-19, atingia essencialmente pessoas idosas, e considerava-se, então, como algo normal que elas pudessem vir a morrer por conta de uma "forte gripe". Cinquenta anos mais tarde, considera-se, ao contrário, normal e, inclusive necessário, fazer todo esforço possível para proteger as pessoas frágeis, mesmo com o risco de provocar a pior recessão econômica da história ou de privar as pessoas de liberdade. O valor supremo é, doravante, a vida de cada ser humano.

Essa profunda evolução da mentalidade está ligada a inúmeros fatores: o progresso da medicina e da longevidade dela decorrente, que nos dá o sentimento de poder viver como centenários e com boa saúde; maior preocupação com o destino dos indivíduos e com seu bem-estar e seus direitos; o recuo, no Ocidente, das crenças religiosas sobre a vida após a morte... Tudo concorre para fazer com que a opinião pública exija dos governantes que façam tudo que está em seu poder para preservar o máximo de vidas humanas. Os governantes compreenderam isso bem, e nenhum responsável político pode permitir-se atualmente ser acusado de laxismo em matéria de saúde pública, como de segurança, em geral.

Pode-se compreender e até festejar o fato de a preservação da vida ter-se tornado uma prioridade, mas também podemos ficar intrigados se uma civilização coloca questões sanitárias no âmago de todas as decisões e as transforma em valor central. Essa é a inquietação, à qual me subscrevo, do filósofo André Compte-Sponville: "É o que chamo de pan--medicalismo: uma ideologia, inclusive uma civilização, que faz da saúde o valor supremo (em lugar, por exemplo, da justiça, da liberdade ou do amor) e que tende, a partir disso, a delegar à medicina a gestão não apenas de nossas doenças, o que seria normal, mas de nossa vida e de nossa sociedade, o que é muito mais inquietante! Cuidado para não cair na "ordem sanitária" (no sentido com que se fala de "ordem moral"), nem no "sanitariamente correto")! Em uma democracia, é o povo que é soberano, são os eleitos que fazem a lei, não os especialistas[10].

Claro, diante de uma pandemia como a do Covid-19, um bom governante deve ouvir a opinião dos especialistas, preocupar-se com os desafios da questão sanitária, mas precisa colocá-la em perspectiva junto com outras considerações igualmente importantes: as liberdades públicas, a economia (uma vez que uma recessão pode causar diversos dramas humanos e, entre eles, também os ligados à saúde pública), e nossa necessidade de laços, que a obsessão sanitária muitas vezes ocultou.

Esta última questão diz respeito, diretamente, à maneira como, por vezes, foram deixados para morrer, sós, nossos idosos, sobretudo nas casas de repouso. A morte é um dos eventos mais importantes da existência e é tão precioso sentir-se rodeado por aqueles que nos são próximos quanto estar junto da-

---

10 *Le Point*, "Attention au sanitairement correct", 16 de abril de 2020.

quele que está morrendo. Durante os últimos meses, eu interagi com alguns amigos que perderam seu pai ou sua mãe. Se, por um lado, eles conseguiam encarar a morte de um de seus pais que estava bastante idoso ou enfermo, por outro, era-lhes insuportável saber que estiveram sozinhos no momento de sua morte, que talvez tenham sofrido e ninguém lhes segurou a mão. Insuportável, além disso, o fato de não terem podido abraçar seus familiares e amigos e se consolarem mutuamente no momento do funeral. Não deixemos nunca mais, no futuro, mesmo que por pretexto sanitário, de permitir que as famílias estejam perto de alguém próximo que esteja morrendo. Precauções devem ser tomadas (máscaras, ausência de contato do visitante com as demais pessoas da casa de repouso ou do hospital), mas nada justifica uma tal rigidez, que toma em consideração apenas a maximização da proteção sanitária, em detrimento de toda outra consideração humana.

Podemos, ainda, questionarmo-nos sobre a focalização, quase histérica, que foi feita sobre o número de vítimas do Covid-19. Essa litania cotidiana dos mortos, repetida sem descanso pela mídia e as redes sociais, cria uma fonte de angústia, já falei sobre isso. Imaginemos, por um instante, que ecoemos diariamente o número de mortos no mundo, com todas as causas misturadas. Com isso pensaríamos muito mais na morte do que na vida. Sem contar que se compararmos o número de mortos de Covid-19 com o das outras doenças, esse número será bastante insignificante: pouco menos de 300 mil mortes no mundo no momento em que escrevo estas linhas, ao passo que o paludismo mata regularmente a cada ano 400 mil pessoas perante a indiferença geral e que, a cada ano, 25 mil pessoas, das quais 10 mil crianças, morrem de desnutrição (respectivamente, 9 e 3,5 milhões por ano). Quem está preocupado? Nossa compaixão e nossa inquietação diante da morte são, obviamente, de geometria variável conforme nos sentimos diretamente atingidos ou não. De um ponto de vista emocional, isso é compreensível, mas utilizemos também nossa razão para relativizar as coisas e colocar em perspectiva a ameaça do Covid-19 em relação às outras ameaças que pesam sobre a vida humana e sobre nossas sociedades. Eu fiquei chocado com a afirmação do pai de uma amiga, um homem de 86 anos: "Para resumir a situação, eu tenho direito de morrer do que quiser, menos de coronavírus. E a tal ponto que, para evitar isso, compromete-se a sociedade na qual viverão meus filhos e meus netos!"

Mas como não ficar completamente focado nesta pandemia e em evitar a morte a qualquer preço, quando esse é o único assunto da atualidade, a única preocupação, o único motor de todas as decisões? Não esqueçamos que nossa recusa em combater eficazmente hoje contra o aquecimento climático nos valerá infinitamente mais vítimas do que o Covid-19 em um futuro nem tão distante, e que atualmente os *junk food,* o álcool e o tabagismo matam milhões de pessoas a cada ano sem que isso incite os poderes públicos a tomar medidas radicais.

Ajamos, portanto, racionalmente e aprendamos a domesticar a morte, quer dizer, a conviver com a ideia de que todos nós morremos um dia e que a morte faz parte da vida... se a morte não existisse, a vida na Terra seria impossível! Eu me recordo de um seminário de filosofia que dei na classe de CM1 na cidadezinha de Mouans-Sartoux, nos Alpes-Maritimes, e de colocar aos alunos a questão: o que vale mais: ser mortal ou imortal? A maioria esmagadora daqueles alunos de 9-10 anos respondeu: "mortais!" e os argumentos apresentados eram inquestionáveis: seríamos muito mais numerosos sobre a Terra se fôssemos imortais; os ditadores continuariam a viver e a perseguir pessoas; sofreríamos indefinidamente de algumas doenças ou passaríamos mal; jamais aproveitaríamos a vida, deixando sempre para mais tarde as coisas importantes etc. Em suma, as crianças entendiam perfeitamente que a vida requer a morte e que esta não deve ser colocada em oposição à vida, mas considerada uma das condições possíveis de sua emergência e de seu desenvolvimento sobre a Terra. Essa sabedoria das crianças se une à dos sábios da humanidade que nos lembram que a morte faz parte da vida e que vale mais a pena domesticá-la, integrá--la à nossa consciência do que rejeitá-la ou odiá-la.

Obviamente, a morte de nossos entes queridos nos assusta, com certeza, mais do que a nossa própria morte. Mas, concebê-la como algo natural e da ordem das coisas pode nos ajudar e tomar certa distância e aceitá-la melhor. Se o sábio não tem medo da morte, é porque ele está em uma profunda aceitação da vida e de suas leis: o nascimento, o crescimento, o declínio, a morte. A tradição taoista informa que quando Chuang-Tzu perdeu sua esposa, a quem amava profundamente, ele não ficou se lamentando por muito tempo e cantou e tocou o tambor para honrar esse momento da vida, como se celebra a sucessão da primavera, do verão, do outono e do inverno.

Mais perto de nós, Montaigne evoca muitas vezes a morte em seus *Ensaios*. Depois de muito refletir, como faziam os filósofos estoicos, que "filosofar é aprender a morrer" e que era importante pensar com frequência na morte para não a temer, ele acabará por achar preferível não pensar mais a respeito para mergulhar plenamente na vida... mas sem por isso rejeitá-la. Toda a sabedoria de sua filosofia se resume a uma espécie de grande "sim" à vida e a compensar sua brevidade com a qualidade e a intensidade de nossas experiências. É essa a única forma de podermos enfrentar a morte sem arrependimentos. "Principalmente nessa hora, escreve Montaigne ao final de seus *Ensaios*, quando percebo a minha [vida] tão breve no tempo, eu quero ampliá-la em peso; quero parar a imediatez de sua fuga pela imediatez de minha captura, e, pelo vigor do uso, compensar a impaciência por sua realização; à medida que a possessão de viver é mais curta, preciso que ela seja para mim mais profunda e mais plena [...]. Quanto a mim, portanto, amo a vida e a cultivo como a Deus aprouve no-la outorgar"[11].

Eu não saberia expressar melhor. A vida vale porque tem certa duração. É nossa finitude que pode nos incitar a viver plenamente cada instante como uma oportunidade de alegria, de prazer, de tomada de consciência, de conhecimento, de crescimento, de amor partilhado. Toda aproximação da morte, como a crise que atravessamos, deveria antes de tudo nos convidar a viver melhor e mais plenamente, em vez de nos fazer focar no medo da morte.

---

11 *Essais*, III, 13.

10
Agir e consentir

. . .

Ao lado de Sêneca e de Marco Aurélio, Epicteto é um dos principais representantes do estoicismo romano do início de nossa era. Esse antigo escravo que se tornou filósofo não escreveu nada, mas seus discípulos condensaram seu pensamento em duas pequenas obras que têm ajudado há dois milênios gerações humanas a viver: os *Discursos* e o *Manual*. O *Manual* começa com essa famosa frase: "Entre as coisas que existem, algumas dependem de nós, outras não. De nós dependem o pensamento, o impulso, o desejo, a aversão, em suma, tudo aquilo em que somos nós que agimos; não dependem de nós o corpo, o dinheiro, a reputação, as obrigações públicas, tudo aquilo em que não somos nós que agimos". Essa distinção fundamental permite construir uma ética de vida e tentar conservar a serenidade em todas as circunstâncias. Com efeito, sou livre para agir sobre aquilo que depende de mim: meus pensamentos, meus desejos, minhas emoções; do mesmo modo, posso agir sobre aquilo que depende de minhas capacidades e meios de ação: lutar contra uma injustiça, me cuidar se estiver doente, escolher a profissão ou o modo de vida que me convém etc. Por outro lado, a boa saúde de meu corpo não depende inteiramente de minha vontade ou de minha responsabilidade (acidentes, doenças genéticas, vírus etc.), bem como tudo que está ligado ao reconhecimento social e, obviamente, aos dramas coletivos (fome, epidemia, guerra, tsunami etc.). A ética estoica visa a nos tornar conscientes de nossa responsabilidade para com tudo aquilo que depende de nós e conscientes de que não serve de nada ficar contrariados com o que não depende de nós.

Quando uma provação se apresenta, convém, portanto, agir de maneira apropriada sobre aquilo que depende de mim: minhas emoções e o poder de ação que posso exercer sobre o mundo exterior. Mas convém também aceitar o que não posso dominar e que não depende de mim, por penoso que seja esse evento. Por exemplo, se eu ficar gravemente enfermo, vou fazer tudo que puder para me tratar da melhor maneira e ficar curado e vou tentar acalmar o máximo possível o meu mental e minhas emoções, para viver interiormente essa provação da melhor forma. Mas se eu souber que essa doença é incurável, ou que ficarei com sequelas que me deixarão incapacitado de alguma forma, é melhor aceitar do que negar ou me revoltar. Pois negar a realidade duplica nosso sofrimento: sofremos pelo mal que nos atinge e sofremos psicológica e moralmente pela negação ou recusa do real que se impõe a nós. Epicteto utiliza a imagem de um cão amarrado a uma carroça puxada por bois, representando a força inexorável do destino. Se a carroça vira à esquerda quando o cão quer ir para a direita, mesmo que ele puxe com todas as forças a corda para seguir seu desejo, será violentamente chamado à ordem pelos bois e obrigado a ir na direção deles sofrendo terrivelmente pela ferida que a corda terá feito em sua garganta. Uma vez que ele entender que não tem outra opção senão seguir a carroça, poderá brincar sem se cansar atrás dela, em vez de sofrer sendo arrastado contra sua vontade. Dito de outra forma, é melhor aceitar aquilo que não podemos mudar.

No entanto, aceitar não significa resignar-se, sofrer dolorosamente, mas agir livremente dizendo "sim" à vida. É um "sim" profundo, que nos liberta da raiva ou da tristeza. Essa aceitação tampouco deve ser parecida com o fatalismo religioso, que gera passividade considerando que tudo o que acontece tem razão de ser porque é a vontade de Deus, ou fruto do carma.

Na Índia, quando cheguei em Calcutá aos 20 anos, fiquei chocado ao ver pessoas morrendo nas ruas sem que ninguém tentasse socorrê-las. Um amigo hindu, de muita fé, explicou-me que isso não o chocava, porque aqueles infelizes expiavam assim faltas cometidas em vidas anteriores. Foi isso que me levou a dedicar-me durante viários meses a trabalhar como voluntário com as Missionárias da Caridade de Madre Teresa e, especialmente, a levar as pessoas que eu encontrava agonizando na rua para lugares onde elas podiam morrer dignamente, recebendo cuidados e atenção. Para retomar a distinção fundamental de Epicteto: Era-me possível agir para aliviar esse sofrimento com que me deparava, e eu sentia que fazer isso era como um dever imperioso, ao passo que uma atitude fatalista me teria dissuadido. Por outro lado, não dependia de mim que essas pessoas, uma vez cuidadas, sobrevivessem ou morressem rapidamente; e, quando isso acontecia, mesmo que eu estivesse apegado a elas, procurava aceitar e não me deixar invadir pela raiva ou a tristeza, como os médicos que cuidavam delas e precisavam conservar certa distância emocional para poder realizar seu trabalho o mais serenamente possível.

Compreendida dessa forma, a aceitação não tem, portanto, nada a ver com fatalismo ou resignação. É uma decisão consciente, responsável e, sobretudo, amorosa. É porque amo a vida que a aceito com todas as suas cores e em todas as suas dimensões: as alegrias e as penas, os altos e baixos, os bons e maus momentos. É assim que vivia Montaigne, como acabei de mencionar, mas também um pensador ainda mais moderno: o filósofo alemão Friedrich Nietzsche. À maneira dos antigos, Nietzsche nos convida a "dizer sim" (*Ja sagen*) à vida, a consentir com o que existe e que não podemos mudar, a amar o destino (*amor fati*). Para ele, a desgraça e a felicidade fazem parte da vida e, se quisermos viver plenamente, e não de maneira acanhada, precisamos aceitar tudo que ela comporta: os prazeres e as dores, os nascimentos e as mortes, os sucessos e os fracassos. Ele nos convida a amar a vida como se ama a música: uma obra musical nos toca porque alterna sons e silêncios, momentos elevados, animados, e momentos mais lentos e tristes, ou ainda passagens harmoniosas e outras mais dissonantes. É o contraste que constitui a beleza da vida, como ele escreve em *Ecce homo*: "Minha fórmula para o que existe de grande no humano é *amor fati*: não querer nada diferente daquilo que existe, nem à sua frente, nem atrás de si, nem pelos séculos dos séculos. Não se contentar em suportar o inelutável, e nem tampouco dissimulá-lo [...] mas amá-lo."

A crise coletiva do Covid-19 pode nos convidar a pôr em ação as duas dimensões da ética do estoicismo: agir e consentir. Agir sobre aquilo que depende de mim: proteger-me e proteger os outros, quer dizer, ser responsável. Devo fazer tudo que está em meu poder para não propagar a epidemia, o que não significa, no entanto, viver aterrorizado no medo, pois é irracional temer esse vírus como se ele fosse tão mortal quanto a peste ou o Ebola. Como já mencionei, as medidas de prevenção e o uso da máscara bastam para conter a epidemia e os países que melhor combateram a propagação do vírus são aqueles que se apoiaram acima de tudo na responsabilidade individual dos cidadãos. Nesses países, sobretudo asiáticos, simplesmente não passaria pela cabeça de ninguém a ideia de apresentar queixa contra o Estado para colocar em perigo a vida alheia, como se viu na França. Alguns de nossos concidadãos estão a tal ponto acostumados a esperar tudo do Estado, que lhes parece normal que este os proteja de tudo, incluindo a doença e a morte! Que tenham havido erros de análise na gestão da crise e decisões inapropriadas no passado (como a destruição das máscaras ou a submissão dos hospitais a uma lógica rentista) é evidente, mas as contas que devemos cobrar de nossos dirigentes devem permanecer no âmbito político – e as eleições são um caminho para desaprovar a ação deles ou para apoiá-la – e não no âmbito jurídico. Não podemos nos eximir de responsabilidade sobre nossos governantes, nem esperar tudo deles, como se a saúde fosse um direito garantido pelo Estado. Nós somos os primeiros responsáveis pela nossa saúde e pelos meios de preservá-la da melhor forma.

Como já comentei ao longo destas páginas, viver da melhor forma com esta pandemia e suas consequências depende também de nossa responsabilidade, cultivando nossas emoções positivas, adaptando-nos, reatando nossos laços com os outros, procurando identificar novas oportunidades que se oferecem a nós e aceitando, da forma mais alegre possível, aquilo que não podemos mudar. Toda resiliência se apoia sobre nossa vontade e nosso desejo de nos curarmos, de nos adaptarmos, de crescermos, de aceitarmos e amarmos a vida como ela é, e não como gostaríamos que fosse. Vimos que a única maneira de nos tornarmos resilientes é sermos amados, mesmo que por uma só pessoa, de maneira incondicional. Mas não poderemos chegar ao fim do processo de cura interior se não aprendermos também a amar a vida de maneira incondicional. Descobriremos então que a felicidade e a alegria estão em nós e não nas circunstâncias exteriores. Que elas residem em nossa capacidade de agir e de reagir, no modo como nos enxergamos e enxergamos o mundo. Como diz ainda Epicteto em seu *Manual*: "O que atormenta as pessoas não é a realidade, mas o julgamento que elas fazem dela". Fórmula surpreendente que ressoa a de Tilopa, um monge budista do século IX: "Não são as coisas que te prendem, mas sim teu apego a elas". Dito de outra forma, a felicidade, a serenidade ou a satisfação de nossa existência não dependem tanto dos eventos sempre aleatórios do mundo exterior (saúde, riqueza, honras etc.) quanto da harmonia de nosso mundo interior.

Do mesmo autor

ENSAIOS E DOCUMENTOS

Méditer à cœur ouvert. Robert Laffont, 2018; Pocket, 2019.

La Sagesse expliquée à ceux qui la cherchent. Seuil, 2018.

Le Miracle Spinoza. Fayard, 2017; Le Livre de Poche, 2019 [Trad. brasileira: *O milagre Espinosa.* Vozes, 2020].

Lettre ouverte aux animaux (et à ceux qui les aiment). Fayard, 2017.

Philosopher et méditer avec les enfants. Albin Michel, 2016.

La Puissance de la joie. Fayard, 2015.

François, le printemps de l'Évangile. Fayard, 2014; Le Livre de Poche, 2015.

Du Bonheur, un voyage philosophique. Fayard, 2013; Le Livre de Poche, 2015.

La Guérison du monde. Fayard, 2012; Le Livre de Poche, 2014.

Petit traité de vie intérieure. Plon, 2010; Pocket, 2012.

Comment Jésus est devenu Dieu. Fayard, 2010; Le Livre de Poche, 2012.

La Saga des francs-maçons, com Marie-France Etchegoin. Robert Laffont, 2009; Points, 2010.

Socrate, Jésus, Bouddha. Fayard, 2009; Le Livre de Poche, 2011.

Petit traité d'histoire des religions. Plon, 2008; Points, 2011.

Tibet, 20 clés pour comprendre. Plon, 2008, Prêmio "Livres et droits de l'homme" da cidade de Nancy; Points, 2010.

Le Christ philosophe. Plon, 2007; Points, 2009.

Code Da Vinci, l'enquête, com Marie-France Etchegoin. Robert Laffont, 2004; Points, 2006.

Les Métamorphoses de Dieu. Plon, 2003, Prix européen des écrivains de langue française 2004; Plon, "L'Abeille" 2019.

L'Épopée des Tibétains, com Laurent Deshayes. Fayard, 2002.

La Rencontre du bouddhisme et de l'Occident. Fayard, 1999; Albin Michel, "Spiritualités vivantes", 2001 e 2012.

Le Bouddhisme en France. Fayard, 1999.

FICÇÃO

La Consolation de l'ange, romance. Albin Michel, 2019.

Cœur de cristal, conto. Robert Laffont, 2014; Pocket, 2016.

Nina, com Simonetta Greggio, romance. Stock, 2013; Le Livre de Poche, 2014.

L'Âme du monde, conto de sabedoria. NiL, 2012; versão ilustrada por Alexis Chabert. NiL, 2013, Pocket, 2014.

La Parole perdue, com Violette Cabesos, romance. Albin Michel, 2011; Le Livre de Poche, 2012.

Bonté divine!, com Louis-Michel Colla, peça de teatro. Albin Michel, 2009.

L'Oracle della Luna, romance. Albin Michel, 2006; Le Livre de Poche, 2008.

La Promesse de l'ange, com Violette Cabesos, romance. Albin Michel, 2004, Prêmio Maisons de la Presse 2004; Le Livre de Poche, 2006.

Le Secret, fábula. Albin Michel, 2001; Le Livre de Poche, 2003.

ENTREVISTAS

Oser l'émerveillement, com Leili Anvar. Albin Michel, 2016.

Sagesse pour notre temps, com Leili Anvar. Albin Michel, 2016.

Dieu, Entretiens com Marie Drucker. Robert Laffont, 2011; Pocket, 2013.

Mon Dieu... Pourquoi?, com l'abbé Pierre. Plon, 2005.

Mal de Terre, com Hubert Reeves. Seuil, 2003; Points, 2005.

Le Moine et le Lama, com Dom Robert Le Gall et Lama Jigmé Rinpoché. Fayard, 2001; Le Livre de Poche, 2003.

Sommes-nous seuls dans l'univers?, com J. Heidmann, A. Vidal-Madjar, N. Prantzos e H. Reeves. Fayard, 2000; Le Livre de Poche, 2002.

Entretiens sur la fin des temps, com Jean-Claude Carrière, Jean Delumeau, Umberto Eco, Stephen Jay Gould. Fayard, 1998; Pocket, 1999.

Le Temps de la responsabilité. Entretiens sur l'éthique, posfácio de Paul Ricœur. Fayard, 1991; nova edição, Pluriel, 2013.

DIREÇÃO DE OBRAS ENCICLOPÉDICAS

La Mort et l'immortalité – Encyclopédie des croyances et des savoirs, com Jean-Philippe de Tonnac. Bayard, 2004.

Le Livre des sagesses, com Ysé Tardan-Masquelier. Bayard, 2002 e 2005 (bolso).

Encyclopédie des religions, com Ysé Tardan-Masquelier, 2 volumes. Bayard, 1997 e 2000 (bolso).

CULTURAL

Administração
Antropologia
Biografias
Comunicação
Dinâmicas e Jogos
Ecologia e Meio Ambiente
Educação e Pedagogia
Filosofia
História
Letras e Literatura
Obras de referência
Política
Psicologia
Saúde e Nutrição
Serviço Social e Trabalho
Sociologia

CATEQUÉTICO PASTORAL

Catequese
  Geral
  Crisma
  Primeira Eucaristia

Pastoral
  Geral
  Sacramental
  Familiar
  Social
  Ensino Religioso Escolar

TEOLÓGICO ESPIRITUAL

Biografias
Devocionários
Espiritualidade e Mística
Espiritualidade Mariana
Franciscanismo
Autoconhecimento
Liturgia
Obras de referência
Sagrada Escritura e Livros Apócrifos

Teologia
  Bíblica
  Histórica
  Prática
  Sistemática

VOZES NOBILIS

Uma linha editorial especial, com importantes autores, alto valor agregado e qualidade superior.

REVISTAS

Concilium
Estudos Bíblicos
Grande Sinal
REB (Revista Eclesiástica Brasileira)

VOZES DE BOLSO

Obras clássicas de Ciências Humanas em formato de bolso.

PRODUTOS SAZONAIS

Folhinha do Sagrado Coração de Jesus
Calendário de mesa do Sagrado Coração de Jesus
Agenda do Sagrado Coração de Jesus
Almanaque Santo Antônio
Agendinha
Diário Vozes
Meditações para o dia a dia
Encontro diário com Deus
Guia Litúrgico

CADASTRE-SE
www.vozes.com.br

EDITORA VOZES LTDA.
Rua Frei Luís, 100 – Centro – Cep 25689-900 – Petrópolis, RJ
Tel.: (24) 2233-9000 – Fax: (24) 2231-4676 – E-mail: vendas@vozes.com.br

UNIDADES NO BRASIL: Belo Horizonte, MG – Brasília, DF – Campinas, SP – Cuiabá, MT
Curitiba, PR – Fortaleza, CE – Goiânia, GO – Juiz de Fora, MG
Manaus, AM – Petrópolis, RJ – Porto Alegre, RS – Recife, PE – Rio de Janeiro, RJ
Salvador, BA – São Paulo, SP